COLEÇÃO TEMPERO DE PALAVRAS

O PRATO DE CINCO CORES

TIAGO GAYER DE ALENCAR

ILUSTRAÇÃO: DAPHNE LAMBROS

R. Doutor Goulin, 1523 Alto da Glória
CEP 80040-280 Curitiba-PR
(41) 3254-1616 e (41) 3558-8001
editorainverso@editorainverso.com.br
www.editorainverso.com.br
Facebook.com/editorainverso
Instagram @editorainverso

COORDENAÇÃO EDITORIAL / EDITORA
Cristina Jones

REVISÃO
Carlos W. Jorge

ILUSTRAÇÃO
Dapne Lambros

CAPA, PROJETO GRÁFICO E DIREÇÃO DE ARTE
Adriane Baldini

DADOS INTERNACIONAIS DE CATALOGAÇÃO NA PUBLICAÇÃO (CIP)
MONA YOUSSEF HAMMOUD – CRB/9ª.1393

A368p
ALENCAR, Tiago. **O prato de cinco cores.**
Daphne Lambros [il.] Curitiba: InVerso, 2024 9.ª ED
24 p. 20 x 20 cm - PTBR
ISBN: 978-85-5540-080-3

---

1. Literatura infantil. 2. Alimentação. 3. Prato. I. Lambros, Daphne.
II. Título.

CDD 028.5 CDU 82-93

LITERATURA INFANTIL: 028.5

Aos pais e mães que lutam diariamente com alegria e motivação pela saúde de seus filhos, meu enorme reconhecimento.

ESTA É A HISTÓRIA DE UM PRATO DE COMIDA QUE ESTÁ MUITO TRISTE.

AFINAL, DENTRO DELE, SÓ UMA COR EXISTE.

O PRATO SABIA QUE PARA TORNAR-SE FORTE E SAUDÁVEL,
ELE PRECISARIA DE CINCO.

NÃO DEIXOU QUIETO E FOI ATRÁS
DE COMPLETAR-SE COM AFINCO.

Dentro dele só tinha Macarrão.
É verdade, faltava emoção.

Por isso vivia sozinho e quietinho.
Com o Macarrão no seu cantinho.

LOGO CONHECEU O PIMENTÃO E O CONVIDOU
PARA SE JUNTAR A ESSA AVENTURA.

MACARRÃO COM PIMENTÃO JÁ É UMA GOSTOSURA.

FIUÍ!

VERMELHO COMO UM CORAÇÃO,
O PIMENTÃO CHEGOU CHEIO DE RAZÃO:
— EU, NESSE PRATO, SEREI A SENSAÇÃO!
EU TENHO MAIS UM AMIGO! SEM ELE EU NÃO FICO.

DEPRESSA CORREU PARA CHAMAR O GRÃO-DE-BICO.

O PRATO DE COMIDA FICOU MAIS BONITO, FORTE E SAUDÁVEL.
AGORA JÁ ESTAVAM EM TRÊS E A FESTA FICOU MEMORÁVEL.

Mas ele ainda não havia
completado sua missão.

Queria incluir
ainda mais emoção.

Então, repentinamente,
lembraram-se do Agrião.

VERDE COMO A MATA, ELE CHEGOU.
LOGO NA ENTRADA, ELE JÁ ARRASOU.

— MEUS AMIGOS, EU LHES PARABENIZO COM LOUVOR:
QUANTO MAIS CORES NO PRATO, MAIOR O SABOR.

O prato ficou uma beleza.
Quatro cores combinando é sinal de esperteza.
Colorido assim, parece comida da realeza!

LEMBRARAM TODOS QUE HAVIAM ESQUECIDO UM AMIGÃO.
SEM DEMORA, CONVIDARAM O FEIJÃO.

LOGO QUE APARECEU, OLHOU A FESTA E RECONHECEU:
— PARA COMPLETAR CINCO CORES, SÓ FALTAVA EU!

CINCO CORES É UM TIME COMPLETO!

QUEM SEMPRE COMER UM PRATO ASSIM
VAI CRESCER ATÉ O TETO!

É MUITA EMOÇÃO! FICOU COLORIDO E LINDÃO.

CINCO CORES NO PRATO É GARANTIA
DE UMA ÓTIMA REFEIÇÃO.

Então, crianças, tenham uma certeza:
Ajam sempre com esperteza!

Comam um Prato de Cinco Cores,
para então aproveitar a sobremesa.

Chegou a hora de se divertir!
Este Prato de Cinco Cores, vamos colorir?

LEVE OS ALIMENTOS PELOS CAMINHOS DO LABIRINTO ATÉ O PRATO:

Tiago Alencar

Tiago é médico formado pela UFPR em 2004. Fez residência em anestesiologia no Hospital de Clínicas da UFPR, concluída em meados de 2007. Mestre em Clínica Cirúrgica pela UFPR. Desde 2011, trabalha como médico anestesiologista no Hospital Marcelino Champagnat, em Curitiba. Viajante entusiasta nas férias. Marido da Bruna há 12 anos, pai do Diogo há 8 e da Laís há 4.
“Para escrever este livro, minha inspiração foi minha mãe, Betty, que sempre dizia para os filhos e netos: ‘Vamos colocar bastante cor nesse prato!’ ”

Daphne Lambros

A Daphne a-d-o-r-a desenhar! Desde criança, desenhava em tudo. Nas paredes, nas frutas da fruteira, na mesa, no vidro, na mão... Enfim, em tudo! É publicitária, com especialização em design gráfico em Milão. Trabalhou como produtora para a TV Globo em duas Olimpíadas e a Copa do Mundo da Alemanha. Foi assistente da ilustradora italiana Alessandra Ceriani e redescobriu o desenho. Ama direção de arte, o pão, filmes, melancia e cores! Seu estilo é colorido e o que a inspira é tudo que vê. Tudo pode virar um desenho. E lápis+papel na mão transfere a imaginação para a realidade. “Minha mãe sempre me ensinou a ver a vida de um modo diferente, mais harmônico e bonito. E minha filha me ensina a ver o mundo mais colorido!” Este é o quarto livro que Daphne foi convidada a ilustrar!

Leia também, da Editora InVerso:

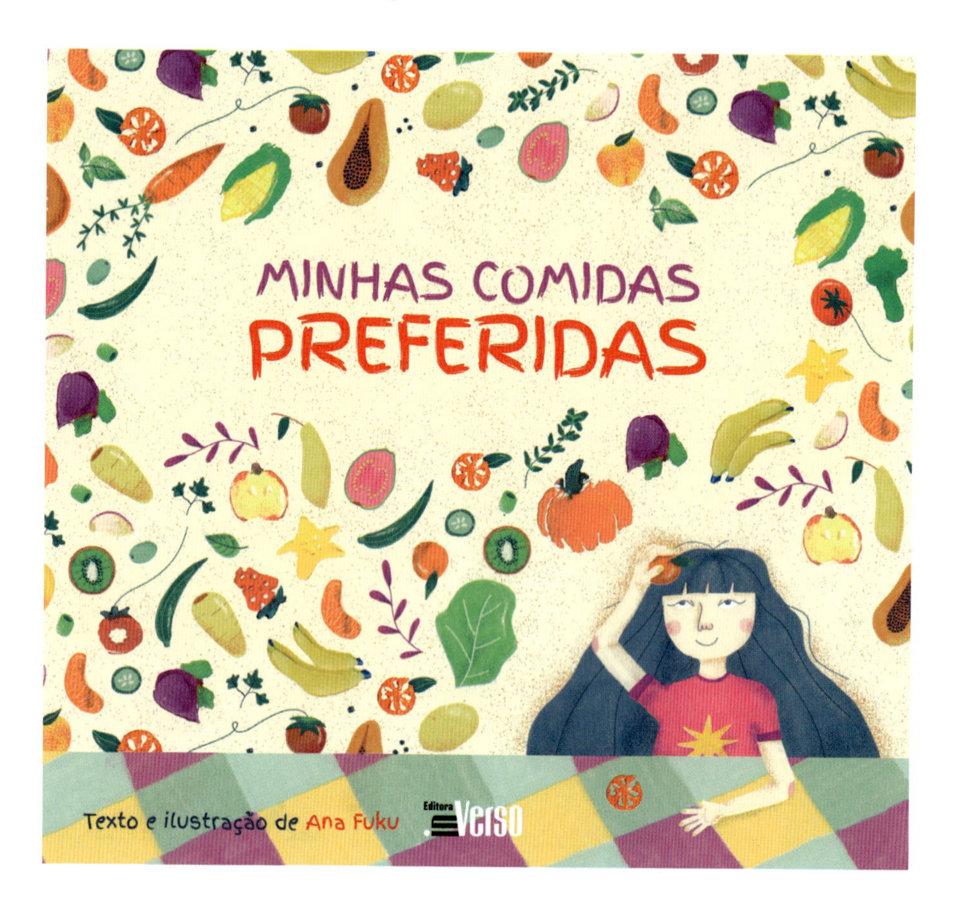

MINHAS COMIDAS PREFERIDAS

Quando vejo uma sacola de feira cheia, só consigo pensar nas minhas comidas favoritas. Você consegue adivinhar quais são? De forma lúdica, "Minhas comidas favoritas" envolve a criança no maravilhoso mundo da alimentação saudável. Com divertidas ilustrações e riqueza de cores, o livro desperta interesse e curiosidade pela variedade de frutas, verduras, legumes e temperos que enfeitam nossos pratos e enchem nossa alimentação de nutrientes e muito sabor! Venha se divertir no mundo mágico da culinária, com todas as suas texturas, cores e sabores! Incluso jogo da memória para recortar e jogar!